Inhaltsverzeichnis

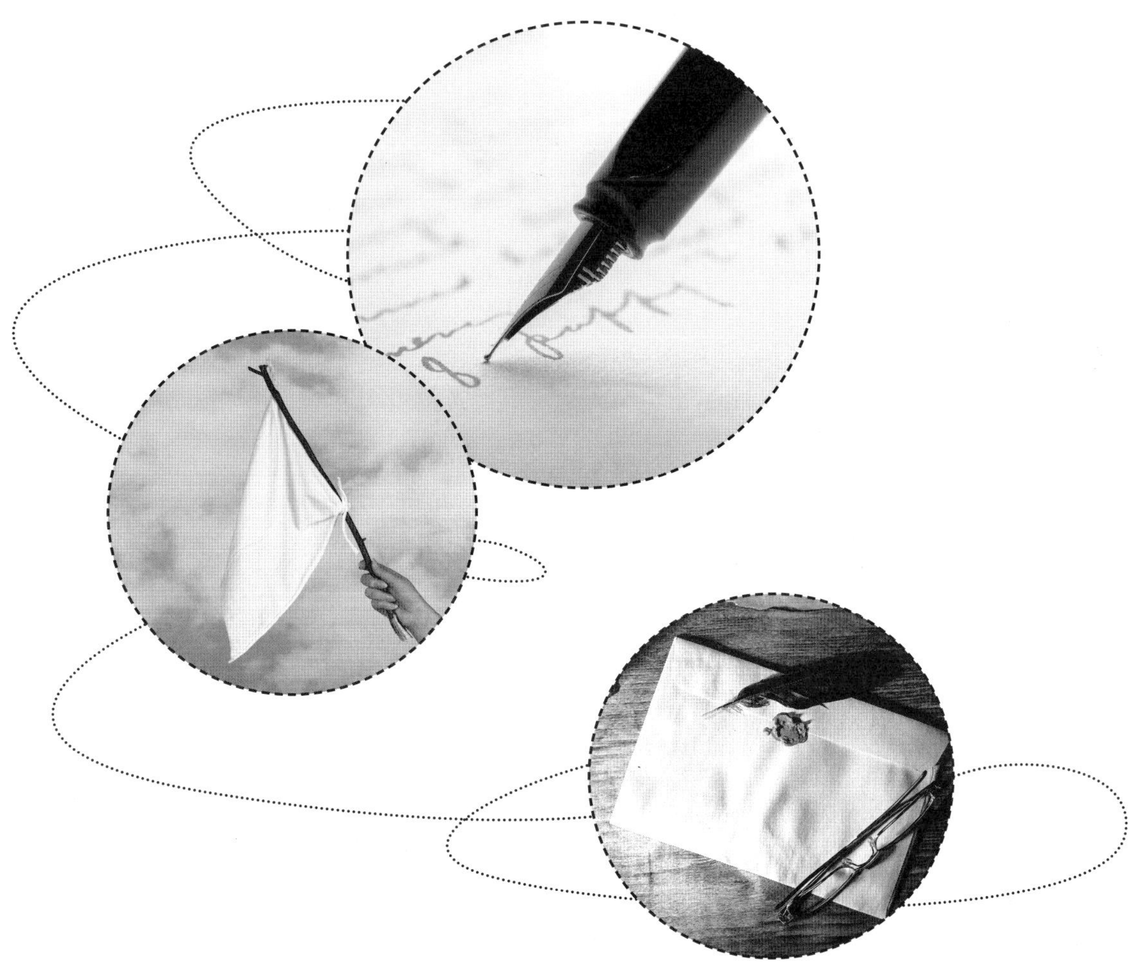

Vorbemerkungen

Soll die Beschäftigung mit dem Thema „Nationalsozialismus“ neben der Vermittlung von historischem Faktenwissen vor allem auch ein **Lernen aus der Geschichte** darstellen, ist ein Herangehen an das Thema auf **emotionaler Ebene** besonders sinnvoll und Erfolg versprechend. Daher eignet sich natürlich die Lektüre eines Romantextes in besonderer Weise. „Das Glaszimmer und ein Brief an den Führer“ basiert auf den persönlichen Erlebnissen des Autors, der mit diesem Roman sozusagen ein Stück **persönlicher Vergangenheitsbewältigung** betreibt. Vorausgegangen war dem Romantext ein Drehbuch des Autors, das die Grundlage für den Film „Das Glaszimmer“ darstellt.

Dem Autor geht es in seinem Roman neben der Darstellung konkreter historischer Ereignisse am Ende der nationalsozialistischen Herrschaft vor allem um die Frage nach der **Verführbarkeit von – jungen – Menschen** durch die Weltanschauung des Nationalsozialismus. Die Handlung zeigt eindrücklich die subtilen Mechanismen und Beeinflussungsstrategien, denen sich die Vertreter der menschenverachtenden NS-Ideologie bedienten. Immer wieder stellt sich die Frage, ob ein anderes Handeln der Protagonisten möglich gewesen wäre. Inwieweit hatte der Einzelne die Möglichkeit, seinem Gewissen zu folgen und sich nicht der nationalsozialistischen Repression zu unterwerfen? Gehörte dazu vor allem Mut, seinem Gewissen zu folgen und seine Angst vor möglichen Konsequenzen zu überwinden? In welchem Maße spielen moralische Ansprüche in Extremsituationen wie in einer von Krieg und Not bestimmten Zeit noch eine Rolle bzw. welche Chance hatte hier die Moral zu bestehen?

Im Roman spielt der zehnjährige Felix die Hauptrolle. Er ist es, der der Faszination von Kriegsspielen und Machtdemonstrationen, von Symbolen und Ritualen ausgesetzt ist. Und auch er zeigt, dass ihn dieses Szenarium durchaus in seinen Bann zieht. Gerade die Erlebnisse dieses Jungen ermöglichen dem jungen Leser, sich in dessen Lage zu versetzen, mit ihm „nachzuerleben“, wie es damals war, wie man sich gefühlt haben muss. Durch diese Möglichkeit zur **Identifikation** wird das Geschehen im Nationalsozialismus nicht nur nacherlebbar, sondern auch die psychologischen Komponenten, die gerade für die Figur des Jungen eine große Rolle spielen, kommen deutlich zum Tragen.

Die Handlung des Romans bietet zahlreiche Anlässe zu intensiven **Diskussionen.** Unterschiedliche Positionen können ebenso betrachtet werden wie die Frage nach der eigenen Einstellung, die man zu den im Roman angesprochenen „Problemen“ einnimmt. So ermöglicht der Roman viel mehr als „nur“ einen Einblick in die damalige Zeit, sondern stellt darüber hinaus vor allem die Frage nach der **eigenen moralischen Position,** der Notwendigkeit, im Leben Position zu beziehen und auch danach zu handeln.

Das Literaturprojekt bietet neben einer lesebegleitenden Beschäftigung mit dem Inhalt sowie wichtigen Aspekten der Handlung bzw. den Aussagen des Romans zahlreiche weitere „Lernangebote“, die im zweiten großen Kapitel des Literaturprojekts „Ergänzende Unterrichtsmaterialien“ (ab S. 28) angeboten werden. Diese können in unterschiedlichen Unterrichtsphasen eingesetzt werden – je nach Lernfortschritt und konkreter Lerngruppe. Das dritte Kapitel „Historischer Hintergrund“ (ab S. 33) schließlich widmet sich ausgewählten historischen Aspekten der im Roman angesprochenen Themen.

Insgesamt wird viel Wert gelegt auf eine **methodisch abwechslungsreiche Erarbeitung des Textes** mit zahlreichen **handlungsorientierten Aktivitäten** sowie Anlässen zur kritischen Diskussion. So sollen sich die Schülerinnen und Schüler neben der eigentlichen Handlung und den handelnden Personen vor allem mit den historischen sowie aktuellen Bezügen beschäftigen.
Durch die Vielzahl an Aufgaben zu den einzelnen Leseabschnitten besteht natürlich die Möglichkeit, einzelne Aufgaben auszuwählen, andere wegzulassen und selbstverständlich auch eigene hinzuzufügen. Hierdurch können unterschiedliche Zielsetzungen, Ansprüche und Interessen des Lehrenden, aber auch der Schülerinnen und Schüler berücksichtigt werden. Darüber hinaus bieten die Wahlaufgaben die Möglichkeit zur Differenzierung.

Ich wünsche Ihnen und Ihren Schülerinnen und Schülern viel Erfolg bei der Beschäftigung mit dem Roman.

Hans-Jürgen van der Gieth

Hinweis: Die Lösung zu S. 11 finden Sie auf unserer Homepage.

Inhalt des Buches

Im Mittelpunkt der Handlung steht der zehnjährige Felix, der gerade mit seiner Mutter von München in einen kleinen Ort auf dem Land gezogen ist. Der Vater befindet sich im Krieg, so muss die Mutter alleine für ihren Sohn sorgen. Sie beziehen ein Haus – genau gegenüber dem Haus des Ortsgruppenleiters Feik, einem äußerst linientreuen Nazi. Dessen Sohn Karri legt sich schon am ersten Tag mit Felix an. Schnell wird Felix mit den Verführungen des Nationalsozialismus konfrontiert und nimmt an kriegsspielähnlichen Aktivitäten der anderen Kinder im Dorf teil. Felix freundet sich mit Marta an, einem Mädchen aus dem Ort, das auch in dieselbe Klasse geht wie Felix.
Mit ihr verbringt er viel Zeit, zeigt ihr sein „Glaszimmer", in das er sich zurückziehen kann. Und er baut mit Marta einen Rückzugsort, den sie „Watteschachtel" nennen. Marta und Felix unterhalten sich über ihre Väter. Felix freundet sich auch mit Tofan an, einem Flüchtlingsjungen, der mit seinem Großvater in den Ort zieht. Karri hasst Tofan vom ersten Tag an als Eindringling, der nichts in dem Dorf zu suchen hat. Überhaupt gibt es immer wieder Konflikte und Auseinandersetzungen mit Karri, der als eifriger und ebenso gewalttätiger Nazijunge auffällt. Auch ist er wegen Martas Freundschaft mit Felix eifersüchtig. Karris Hass auf Tofan geht so weit, dass er, gemeinsam mit dem von ihm angestifteten Felix, die Behausung von Tofan und seinem Großvater in Brand steckt. Die Beteiligung an dieser Tat führt Felix in heftige Gewissenskonflikte, mit denen er kaum fertig wird.
Als Felix erfährt, dass sein Vater sich nicht mehr im Krieg an der Front, sondern versteckt im Heu in der Scheune neben ihrer Wohnung befindet, ist er zunächst mehr als irritiert. Vor allem auch, als im Ort zu Ehren seines Vaters eine Gedenkfeier veranstaltet wird. Der Vater soll im Krieg gefallen sein und für seinen Tod für Volk und Vaterland besonders geehrt werden.
Im Laufe der weiteren Handlung fahren Felix und seine Mutter in einen weiter entfernten Ort, um dort Lebensmittel zu hamstern. Dort geraten sie in einen Bombenangriff, den sie – versteckt in einem Bunker – überleben.
Mit seiner Freundin Marta schreibt Felix einen Brief an den Führer, an Adolf Hitler, in dem die Kinder ihn auffordern, den Krieg sofort zu beenden. Feik, der von diesem Brief erfährt, ist wütend auf die Kinder, dass sie an Hitler geschrieben haben.
Wenig später wird das Dorf von amerikanischen Bombern angegriffen. Auch die Kinder sind bei der Verteidigung des Dorfes dabei. Tofan kommt beim Umgang mit einer Panzerfaust ums Leben. Wenig später kommen die Amerikaner und befreien die Bevölkerung des Ortes von der Naziherrschaft. Die kurz vorher noch veranstaltete Suche nach Felix' Vater bleibt für die Nazis erfolglos. Schließlich führen die Amerikaner den Ortsgruppenleiter Feik ab. Obwohl auch der Vater von ihnen mitgenommen wird, besteht für ihn die große Hoffnung, als Deserteur bald wieder freizukommen.

Romantagebuch

Bei der Beschäftigung mit dem Roman von Josef Einwanger „Das Glaszimmer und ein Brief an den Führer" ist das Führen eines sogenannten Romantagebuches (man nennt es auch Lesetagebuch) sinnvoll. In dem Roman geht es in der Hauptsache um das Thema „Leben und Erleben eines Jungen in der Endphase des Zweiten Weltkriegs".

Die Handlung des Romans ist sehr abwechslungsreich und zahlreiche Situationen werden dargestellt. Damit du alles besser behalten kannst, führe ein **Romantagebuch.** Es kann dir zum Beispiel auch bei der Vorbereitung einer Klassenarbeit, die ihr über die Beschäftigung mit diesem Roman schreibt, behilflich sein. In einem Romantagebuch wird das Wichtigste des Romaninhalts in Stichworten bzw. kurzen Bemerkungen festgehalten. Du begleitest mit deinem Romantagebuch das Lesen des Romans. Es ist am besten, wenn du zu jedem Kapitel (oder mehreren Kapiteln bzw. Sinnabschnitten zusammengefasst) das Wichtigste in deinem Tagebuch einträgst. Es ist sinnvoll, die Bezeichnung des Kapitels (oder der Kapitel), die Seitenzahl sowie den wichtigsten Inhalt aufzuschreiben. Ebenfalls müssen Personen (Figuren), die eine wichtige Rolle spielen, kurz beschrieben bzw. charakterisiert werden. Auch sollte Platz für eigene Gedanken zum Inhalt des jeweiligen Kapitels (oder Sinnabschnitts) in deinem Tagebuch zur Verfügung stehen.
Der Roman „Das Glaszimmer und ein Brief an den Führer" ist in 37 Kapitel aufgeteilt.

Wie du ein Romantagebuch führen kannst, siehst du auf der folgenden Seite. Dort ist eine Musterseite (DIN-A4-Querformat) angelegt. Selbstverständlich kannst du auch andere Punkte in dein Tagebuch aufnehmen.

Es wäre schön, wenn du ein Titelblatt für dein Romantagebuch entwerfen würdest. Selbstverständlich kannst du auch die Vorlage (s. S. 6) verwenden.

Bei den Aufgaben der Arbeitsblätter wird nicht mehr besonders die Führung des Romantagebuchs angegeben. Es ist zu jedem Kapitel (oder Sinnabschnitt) zu führen.

Wichtig: Belege deine Erkenntnisse mit der Angabe konkreter Textstellen.
Nenne also Seitenzahl und möglichst Absatz und Zeile.

Romantagebuch – Muster

Kapitel / Seite(n)	Ort und Zeit	Kurze Beschreibung der Handlung	Personen-Charakterisierung	Besonderheiten	Eigene Gedanken, Beobachtungen, Ideen, Fragen

Romantagebuch

von ______________________________

Klasse ____________________________

Zum Autor

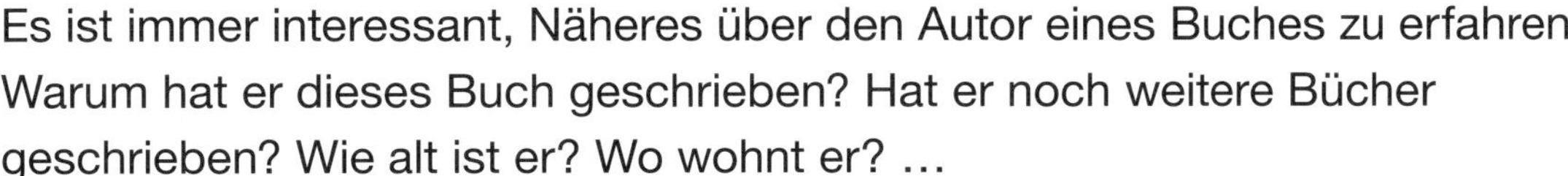

Es ist immer interessant, Näheres über den Autor eines Buches zu erfahren. Warum hat er dieses Buch geschrieben? Hat er noch weitere Bücher geschrieben? Wie alt ist er? Wo wohnt er? …

Aufgabe

Informiere dich ausführlich über Josef Einwanger. Nutze dazu das Internet. Lege einen Steckbrief (s. u.) vom Autor an.

Steckbrief

Foto des Autors

Name: ______________________________

Vorname: ______________________________

Beruflicher Werdegang: ______________________________

____

____

Werke: ______________________________

____

____

____

____

____

Verschiedenes: ______________________________

____

____

Meine Erwartungen

Sicherlich hast du bestimmte Erwartungen, wenn du den Roman „Das Glaszimmer und ein Brief an den Führer“ in die Hand nimmst und lesen möchtest. Welche Hinweise gibt dir der Titel auf den möglichen Inhalt des Buches? Hilft dir das Cover weiter?

Aufgabe

Beschreibe, woran du denkst, wenn du das Buch in die Hand nimmst und den Titel liest.

Meine Erwartungen

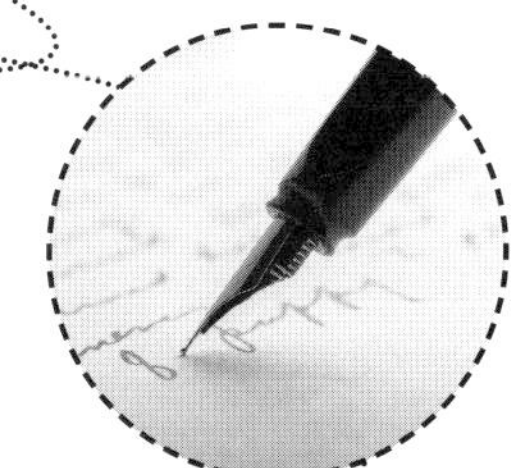

Vorstellung der Personen

Die Vorstellung der wichtigsten Personen des Romans erleichtert es dir, der Handlung zu folgen und die Personen auch während der Handlung direkt richtig zuordnen zu können.

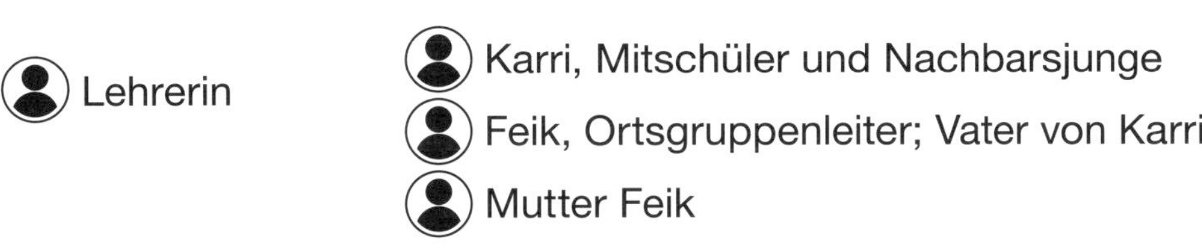

Lehrerin

Karri, Mitschüler und Nachbarsjunge

Feik, Ortsgruppenleiter; Vater von Karri

Mutter Feik

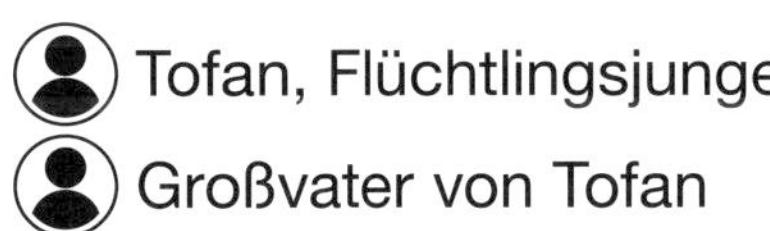

Tofan, Flüchtlingsjunge

Großvater von Tofan

Marta, Freundin von Felix

Felix

Mutter von Felix

Vater von Felix

Frau Bergmann, Bekannte aus München

Franz, geistig zurückgebliebener Junge

Schickl, Vater von Franz

Aufgabe

Stelle im Laufe der gesamten Romanhandlung alle Informationen zu den wichtigsten Personen zusammen, die du erfahren hast, und fertige von den Hauptfiguren eine Charakterisierung (s. Methoden-Box: Charakterisierung).

Methoden-Box

Charakterisierung

Bei der Charakterisierung wird eine Person (Figur) eines Romans beschrieben. Dabei beginnt man mit den äußeren Merkmalen wie Aussehen, Alter, Herkunft, Familie … Dann geht man über zur Beschreibung der Charaktereigenschaften. Informationen darüber erhält man, wenn man „beobachtet“, wie eine Person sich verhält und was sie sagt. Auch aus dem, was andere Personen sagen, kann man Rückschlüsse ziehen. Die gefundenen Eigenschaften sollten mit konkreten Begriffen (meist beschreibenden Adjektiven) beschrieben werden. Für alle Beobachtungen sollten nach Möglichkeit Textbelege angeführt werden.

Kapitel 1 – 3 (1)

Felix, ein zehnjähriger Junge, flüchtet während des 2. Weltkrieges mit seiner Mutter vor den Bomben von der Großstadt in ein Dorf. Dort ziehen sie in ein altes Haus. In einem der Zimmer wimmelt es von Ratten. Der geistig zurückgebliebene Franz bekommt die Aufgabe, die Ratten zu töten.

Als Felix Trommelmusik hört, läuft er dorthin und sieht zahlreiche Jungen. Dabei ist auch Karri, der Sohn des Ortsgruppenleiters Feik. Mit Karri war Felix schon kurz nach seiner Ankunft im Dorf in Streit geraten. Felix' Mutter möchte nicht, dass ihr Sohn bei den „Spielen" der Hitlerjungen mitmacht.
Feik, Ortsgruppenleiter der NSDAP, ist auch Nachbar von Felix und seiner Mutter und stellt sich bei ihnen vor. Die Mutter hat ein Hitlerbild besorgt, das neben das Jesusbild und das Porträt des Vaters gehängt werden soll.

Aufgaben

1. Beschreibe, was Felix als Erstes in seiner neuen Heimat erlebt.
2. Felix betritt einen Raum hinter einer blauen Tür. Was sieht er dort?
3. Zum ersten Mal lernt Felix Hitlerjungen kennen. Er schaut zu, womit sie sich beschäftigen. Was beobachtet Felix dabei? Wie fühlt er sich? Wodurch fühlt er sich besonders angesprochen? Was fasziniert ihn?
4. Wie würde eine solche Erfahrung, die Felix macht, auf dich heute wirken?
5. Versuche zu erklären, was mit den folgenden Aussagen des Kommandanten gemeint ist: „Flink wie Windhunde. Deutsche Jungen haben keine Angst … Deutscher Geist steht rechts. Disziplin, Ordnung, Achtung der Autorität, rechter Glaube und rechte Gesinnung …" (© aus: Josef Einwanger: „Das Glaszimmer und ein Brief an den Führer", BVK Buch Verlag Kempen, 2021, S. 9)
6. Beschreibe die Begegnung zwischen dem Ortsgruppenleiter Feik und der Mutter.
7. Weswegen geraten Felix und Karri in Streit?
8. Was empfindet Felix bei der Betrachtung des Hitlerbildes?
9. Im Suchsel (s. S. 11) haben sich 23 Wörter versteckt, die du aus den ersten drei Kapiteln des Romans kennst. Die Wörter sind waagerecht und senkrecht zu finden. Suche sie und markiere sie farbig.

Kapitel 1 – 3 (2)

W	H	A	K	E	N	K	R	E	U	Z	B	I	N	D	E	B			
X	C	V	R	A	T	T	E	N	K	A	M	M	E	R	Z	I			
S	L	P	M	Q	J	D	C	B	J	K	Ö	P	A	Y	R	B			
O	J	W	R	Z	I	O	K	S	C	H	N	Ü	R	S	E	N	K	E	L
N	B	H	I	T	L	E	R	B	I	L	D	P	M	L	W	V	Z	P	F
N	F	G	H	N	Z	F	V	M	Q	E	V	B	N	P	I	J	T	K	H
E	K	R	E	I	S	I	G	B	E	S	E	N	I	O	N	P	R	X	O
N	Z	T	W	S	X	V	A	M	U	O	P	L	A	Q	D	J	O	N	L
S	I	M	N	F	C	U	I	G	A	W	R	F	H	L	H	G	M	P	Z
T	X	O	L	H	P	T	E	L	R	T	Q	W	Y	I	U	O	M	N	S
R	N	D	A	M	E	N	F	A	H	R	R	A	D	Q	N	R	E	U	C
A	Q	W	E	T	I	W	R	S	W	Z	E	T	Z	X	D	I	L	V	H
H	R	T	U	P	T	E	F	S	N	T	P	W	Y	F	E	N	S	Z	U
L	W	G	N	R	S	D	Q	P	H	I	Z	G	P	Q	P	V	C	Y	P
E	U	K	I	Z	C	W	C	L	W	T	N	H	J	X	R	N	H	M	P
N	B	O	R	T	H	P	T	I	Q	B	J	Z	I	S	Y	C	L	I	E
Q	R	M	Q	U	E	Q	Z	T	E	W	K	T	V	C	U	T	Ä	L	N
N	U	M	T	U	N	W	S	T	O	C	K	S	C	H	L	A	G	I	Z
W	Z	A	S	R	H	P	R	E	Y	V	E	W	F	I	G	U	E	T	R
U	W	N	R	A	I	U	J	R	O	I	B	L	Q	R	L	Y	I	Ä	D
R	U	D	T	Q	E	W	S	D	X	U	R	H	P	M	E	G	Q	R	I
W	N	A	C	H	B	A	R	S	J	U	N	G	E	M	U	L	V	M	S
Q	J	N	R	T	Z	I	O	Q	W	E	K	Z	D	Ü	N	Q	T	U	Z
O	R	T	S	G	R	U	P	P	E	N	L	E	I	T	E	R	M	S	I
R	Q	U	E	B	Q	F	R	D	B	I	W	F	Q	Z	H	Q	U	I	P
T	E	N	J	H	I	T	L	E	R	J	U	N	G	E	N	B	G	K	L
E	W	R	E	T	Z	O	Q	U	X	Z	D	W	P	T	I	D	F	L	I
N	Q	I	O	B	S	T	B	Ä	U	M	E	C	K	N	P	S	X	Q	N
G	I	E	B	E	L	D	R	E	I	E	C	K	M	N	Z	G	Z	X	R
V	F	T	S	B	A	H	N	W	Ä	R	T	E	R	B	U	B	Ü	M	C

Kapitel 4 – 8 (1)

Felix besucht die Schule im Ort. Dort lernt er auch Marta kennen, ein Mädchen aus der Nachbarschaft. Mit der Klasse besuchen sie einen Bunker. Hier werden sie von Herrn Feik über die Bedeutung des Bunkers aufgeklärt. Auf dem Heimweg werden die Kinder von einem Bombenangriff überrascht. Auch wird Felix von Karri angegriffen. Bei Felix zu Hause angekommen, bauen sich Felix und Marta einen Verschlag, den sie „Watteschachtel" nennen.
Frau Bergmann, die aus München zu Besuch kommt, bringt Felix einen Globus mit. Als Felix Frau Bergmann zur Familie Feik begleitet, hat er Gelegenheit, mit Herrn Feik und Karri zu sprechen. Dabei kritisiert Felix, dass Hitler die 6. Armee nach Stalingrad befohlen hat. Draußen beobachten Felix und Karri einen Flüchtlingskarren, der gerade in den Ort kommt.
Felix schnitzt an einem Gewehr. Später zeigt er Marta sein Glaszimmer.
Draußen sieht Felix, wie Karri einem polnischen Fremdarbeiter Befehle gibt.
Später bekommt Felix von Karri Papierkapseln für sein Gewehr, die er dann an Franz gegen zwanzig Pfennig verkauft.
Die Mutter putzt in der Kirche.
Zu Hause bei Felix betrachtet Karri das Hitlerbild neben dem Porträt des Vaters und Jesus am Kreuz.

Aufgaben

1. Was erzählt Herr Feik den Kindern über den Bunker?
2. Felix und Marta bauen sich einen Verschlag, den sie „Watteschachtel" nennen. Welche Bedeutung hat dieses „Versteck" für sie?
3. Beschreibe das Gespräch zwischen Herrn Feik und Felix. Welche Meinung vertritt Felix über die Kriegsführung von Hitler?
4. Was ist das Glaszimmer und was bedeutet es für Felix?
5. Wie wirkt es auf Felix, wie Karri mit dem polnischen Mann umgeht?
6. Karri äußert sich über das Hitlerbild und über das Kruzifix (Jesus am Kreuz). Welche Haltung von Karri wird hier deutlich?
7. Nun hast du die Hauptpersonen schon etwas genauer kennengelernt. Ergänze deine Charakterisierungen von Felix und Karri.
8. Hast du den Text genau gelesen? Dann wirst du die Fragen (auf Arbeitsblatt 2) leicht beantworten können.

Kapitel 4 – 8 (2)

In die Tischplatten in der Schule haben die Kinder mit einem Taschenmesser
- [ ] einen Namen
- [ ] eine Sonne
- [ ] ein Hakenkreuz
- [ ] einen Stern

geritzt.

Die größeren Schüler üben in der Schule
- [ ] Geometrieaufgaben.
- [ ] Englischvokabeln.
- [ ] einen Liedtext.
- [ ] Schönschreiben.

Unterhalb der Schule wurde
- [ ] ein Bunker
- [ ] ein Brunnen
- [ ] ein Schacht
- [ ] eine Schatzgrube

in den Berghang gebohrt.

Felix und Marta bauen sich einen Unterschlupf, sie nennen ihn
- [ ] geheimes Versteck.
- [ ] Watteschachtel.
- [ ] Schutzraum.
- [ ] Verschlag.

Frau Bergmann kommt aus München zu Besuch und berichtet, dass die Amis
- [ ] Handgranaten
- [ ] Phosphorbomben
- [ ] Raketen
- [ ] Leuchtfeuer

abgeworfen hätten.

Frau Bergmann bringt Felix
- [ ] eine Tafel Schokolade
- [ ] eine Armbanduhr
- [ ] einen Globus
- [ ] einen Atlas

mit.

Beim Besuch bei Familie Feik legt Frau Bergmann
- [ ] ein goldenes Armband
- [ ] eine silberne Kette
- [ ] ein rotes Stoffband
- [ ] eine goldene Kette

um das Handgelenk von Frau Feik.

Was bezeichnet Felix als einen Fehler von Hitler?
- [ ] den Krieg angefangen zu haben
- [ ] Frankreich angegriffen zu haben
- [ ] Krieg mit Russland zu führen
- [ ] die 6. Armee nach Stalingrad befohlen zu haben

Welche Waffe besitzt Karri?
- [ ] ein Messer
- [ ] eine Pistole
- [ ] ein Luftgewehr
- [ ] eine Armbrust

Was tauscht Felix mit Franz?
- [ ] ein Kapseldöschen
- [ ] einen Kaugummi
- [ ] Schokolade
- [ ] ein Messer

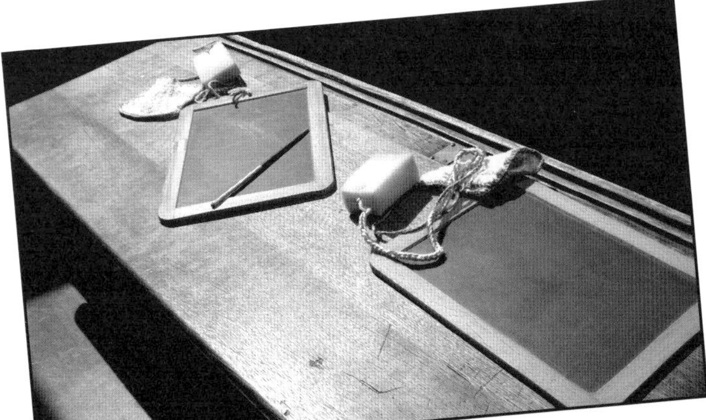

Kapitel 9 – 12 (1)

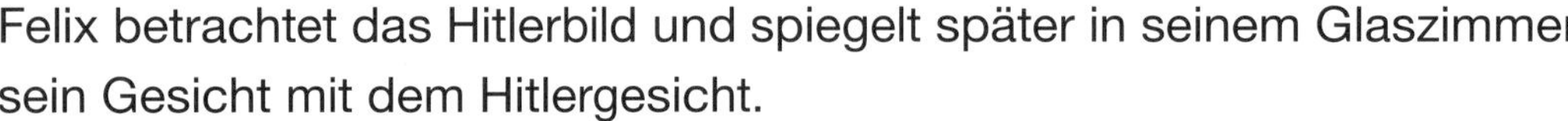

Felix betrachtet das Hitlerbild und spiegelt später in seinem Glaszimmer sein Gesicht mit dem Hitlergesicht.
Marta und Felix beschließen, Hitler einen Brief zu schreiben und ihn darin aufzufordern, den Krieg zu beenden. Persönlich bringen sie den Brief in Hitlers Geburtsort Braunau, der nur wenige Kilometer weit entfernt ist. Anschließend essen sie ein Eis zusammen.
Wieder zurück zu Hause stellt Felix fest, dass das Kreuz an der Wand verschwunden ist. In der Schule erklärt die Lehrerin der Klasse germanische Runenzeichen. Der Flüchtlingsjunge Tofan, den Felix und Karri bereits bei der Ankunft gesehen hatten, wird von der Lehrerin vorgestellt. Tofan erzählt, dass er und sein Opa wegen Hitler hätten flüchten müssen. Zu Hause zeichnet Felix Runen in sein Holzgewehr. Später trifft er Karri, der das Jesuskreuz gestohlen hat und nun auf das Kruzifix schießt.
Feik überbringt Felix und seiner Mutter die Nachricht vom Tod des Vaters.

Aufgaben

1. Was stellt Felix bei der Spiegelung seines Gesichts und dem Hitlergesicht fest?
2. Das zerstückelte Hitlerbild hat eine starke Wirkung auf Felix. Welche Bedeutung hat diese Szene?
3. Beschreibe, wie Marta und Felix einen Brief an Hitler schreiben und was sie darin fordern. Wie wichtig ist es den Kindern deiner Meinung nach, dass sie diesen Brief schreiben?
4. In der Schule erfahren die Schüler einiges über germanische Runenzeichen. Welche Bedeutung haben diese Zeichen und was bedeuten sie für Karri?
5. Was äußert Tofan in der Schule über die Schuld Hitlers? Warum ist es wohl so gefährlich, eine solche Meinung zu äußern?
6. Beschreibe die Szene zwischen Karri und Felix, in der es um das zerstörte Kruzifix geht.
7. Fertige eine Inhaltsangabe (s. Methoden-Box: Inhaltsangabe) vom Textabschnitt von Seite 54, 3. Absatz („Feik betritt grußlos … “) bis Kapitelende Seite 55.

Methoden-Box

Inhaltsangabe

1. Schreibe die wichtigsten Informationen (Hauptgedanken) in wenigen Sätzen auf.
2. Schreibe immer in der Gegenwart (Präsens).
3. Vermeide wörtliche Rede.
4. Schreibe sachlich. Verzichte darauf, deine eigene Meinung zu äußern.

Kapitel 9 – 12 (2)

8. Lies noch einmal das Kapitel 9 und fülle dann – möglichst ohne ins Buch zu schauen – den Lückentext mit folgenden Wörtern aus:

Brief – Hitlerbild – Frieden – zerstückelt – Glaszimmer – Bosheit – aufhörte – Krieg – Scheitel – Akkordeon

Felix stellt sich stramm vor das _ _ _ _ _ _ _ _ _ _ . Er will mit Hitler über _ _ _ _ _ und _ _ _ _ _ _ _ reden. Es wäre Felix lieber, wenn Hitler mit dem Krieg sofort _ _ _ _ _ _ _ _ . Auf dem Bild hat Hitler rechts den markanten _ _ _ _ _ _ _ _ . In seinem _ _ _ _ _ _ _ _ _ _ liegt das _ _ _ _ _ _ _ _ _ . Beim Blick in den Spiegel ist der Hitlerkopf _ _ _ _ _ _ _ _ _ _ _ . Als Marta das veränderte Hitlerbild sieht, meint sie, dass die _ _ _ _ _ _ _ Hitlers zum Vorschein komme. Und sie sagt: „Wir schreiben ihm einen _ _ _ _ _ ."

Wahlaufgabe

Jeder liest noch einmal das Kapitel 9. Anschließend führt ihr hierzu ein sogenanntes „stummes Schreibgespräch" (s. Methoden-Box: Stummes Schreibgespräch).

Methoden-Box

Stummes Schreibgespräch

Dein Nachbar und du habt ein DIN-A4-Blatt. Es dient euch als Kommunikationsmittel. Zu einer These, einem Problem, einer Fragestellung äußerst du einen Gedanken und schiebst das Blatt zu deinem Nachbarn herüber. Dieser kommentiert deinen Gedanken oder fügt eine weitere Idee hinzu. So kommt es zu einem regen Austausch – auf dem Papier. Wenn das Blatt voll ist, ihr keine Ideen mehr habt oder die Zeit einfach vorbei ist, ist euer stummes Schreibgespräch beendet. Stumm bedeutet natürlich: Es wird nicht geredet! Jetzt können die unterschiedlichen Gespräche vorgelesen oder die Ergebnisse (wenn möglich) kurz zusammengefasst werden. Ihr könnt euch auch zu einer Vierergruppe zusammenfinden und euch (leise) über eure Ergebnisse austauschen. Alternativ tauscht ihr die „Schreibgespräche" untereinander und verfasst in Partnerarbeit einen Kommentar zu dem jeweiligen Gespräch eurer Mitschüler. Ihr könnt zustimmen, bestimmte Dinge hinterfragen oder ablehnen. Vielleicht habt ihr ja noch weitere Ideen, was man mit dem Schreibgespräch so alles machen kann …

Kapitel 13 – 15 (1)

Die Mutter spricht mit Felix über den Brief, den die Kinder an Hitler geschrieben hatten.
Felix macht sich Gedanken darüber, wie sein Vater getötet worden sein könnte.
Am Morgen trifft er auf seine Mutter, die sich merkwürdig verhält.
Nach dem Unterricht eilt er mit Marta nach Hause, findet dort das Scheunentor verschlossen.
Seine Mutter ist bereit, ihm zu erklären, was los ist. Zwei Tage später führt die Mutter Felix in den Stall und zum Vater, den sie dort versteckt. Felix kann nicht glauben, dass der Vater doch nicht tot ist.

Aufgaben

1. „Bearbeite" Kapitel 13 nach der sogenannten 6-Schritt-Lesemethode (s. Methoden-Box: 6-Schritt-Lesemethode, S. 17).
2. Was geht wohl in Felix vor, als er seinen totgesagten Vater sieht?
3. Warum verhält Felix sich so zurückhaltend?

Wahlaufgabe

Kunst-Projekt: Versuche, mit einer von dir gewählten Abbildung (Foto, Zeichnung …) und mit Hilfe eines Spiegels ebenso ein Zerrbild herzustellen wie Felix. Stelle es anschließend zeichnerisch dar oder fotografiere es.

Kapitel 13 – 15 (2)

Methoden-Box

6-Schritt-Lesemethode

Schritt 1: Überlegungen vor dem Lesen
- Welches Vorwissen hast du über das Thema?
- Welche Meinung hast du zum Thema?
- Verschaffe dir erste Informationen über den Text: z. B. Titel bzw. Überschrift des Textes, Inhaltsverzeichnis, Kapitelüberschriften, evtl. Informationen über den Autor.

Schritt 2: Überblick über den Text verschaffen
- Text durchlesen!
- Auf Hervorgehobenes (z. B. Fettgedrucktes, Unterstrichenes etc.), auf Besonderheiten achten.

Schritt 3: Gründliches Lesen
- Gliederung des Textes erfassen und kennzeichnen.
- Schlüsselwörter finden und (unterschiedlich) markieren.
- Fragen zum Text formulieren (z. B. mit Hilfe der W-Fragen: was, wer, wann, wo, wie, warum).
- Antworten auf diese Fragen finden (evtl. ist hierzu ein erneutes Lesen erforderlich).
- Schwierige Wörter klären (z. B. Bedeutung im Lexikon nachschlagen).

Schritt 4: Zusammenfassen des Textes
- Erkennen des gedanklichen Aufbaus des Textes bzw. der Sinnabschnitte.
- Zusammenfassung der einzelnen Sinnabschnitte mit eigenen Worten.

Schritt 5: Textinhalt festhalten
- Schriftliche Zusammenfassung des Inhalts vornehmen.

Schritt 6: Wiedergabe des Inhalts
- Der Inhalt kann z. B. in Form eines mündlichen Vortrags wiedergegeben werden.

Kapitel 16 – 21 (1)

Im Ort findet eine Trauerfeier für Felix' Vater statt. Die Mutter ermahnt ihren Sohn, zu schweigen, damit der versteckte Vater nicht gefährdet wird. Später spricht Felix im Versteck mit seinem Vater. Dabei bekommt er von ihm Fliegerschokolade geschenkt.
Gemeinsam mit seiner Mutter fährt Felix mit dem Zug in eine entfernt gelegene Stadt auf Hamstertour. Dort werden sie von einem Bombenangriff überrascht und flüchten in einen Luftschutzraum. Nur unter großen Schwierigkeiten können sie wieder nach Hause zurückkehren – ohne Lebensmittel „gehamstert" zu haben.

Ein paar Tage später lässt Felix gemeinsam mit Marta und Tofan Drachen steigen. Dabei beobachten sie, wie ein amerikanisches Flugzeug brennend in einen nahegelegenen Wald stürzt.
Im Dorf treffen sie auf Karri, der sich darüber freut, dass ein gegnerisches Flugzeug abgeschossen worden ist. Sie laufen zu der Absturzstelle und beobachten, wie Männer aus dem Dorf auf den am Boden liegenden abgestürzten Piloten einschlagen. Betroffen schauen sie auf den inzwischen verstorbenen Piloten.
Zu Hause angekommen erzählt Felix seinem Vater von dem amerikanischen Jagdbomber. Sie unterhalten sich allgemein über den Krieg.
Frau Feik überrascht Felix dabei, wie er Eier aus ihrem Hühnerstall stiehlt. Sie verrät ihn nicht, spricht allerdings mit seiner Mutter über den Vorfall.

Aufgaben

1. Worüber unterhalten sich Felix und sein Vater nach der Trauerfeier?
2. Was bekommt Felix von seinem Vater geschenkt?
3. Beschreibe den Besuch und die Heimkehr von Felix und seiner Mutter in Mühldorf.
4. Arbeitet in einer kleinen Gruppe zusammen und stellt die Handlung des 17. Kapitels in Form einer Hörspielszene dar. Wie ihr eine solche Szene erarbeiten könnt, erfahrt ihr in der Methoden-Box (s. Methoden-Box: Hörspiel).

Info-Box

Hörspiel

Das Hörspiel ist eine besondere künstlerische Form einer literarischen Bearbeitung zu einem Thema. Beim Hörspiel stehen Dialoge im Vordergrund, die ihr zuvor aufschreiben und vor dem Aufnehmen sprechen üben müsst. Durch Musikeinspielungen oder Geräusche lässt sich eine bestimmte Atmosphäre erzeugen. Für die eigene Produktion von Hörspielen in der Schule ist die Arbeit mit einem Aufnahmegerät sehr hilfreich. Wichtig ist die Erstellung eines „Drehbuches": Dauer der Szenen, Mitwirkende, Text, Geräusche usw.

Kapitel 16 – 21 (2)

5. Schildere die Szene des Flugzeugabsturzes einschließlich des Auffindens des abgestürzten Piloten mit eigenen Worten.
6. Arbeitet in Kleingruppen und lest die Kapitel 19 und 20 nach den Regeln des „betonten Lesens“ (s. Methoden-Box: Betontes Lesen).
7. Als die Leute aus dem Dorf den abgestürzten Piloten finden, sind die Reaktionen sehr unterschiedlich. Stelle einmal die wichtigsten Aussagen der einzelnen Personen dar und beurteile sie.
8. Wie begründet der Ortsgruppenleiter Feik seine Haltung zum Abschuss bzw. Absturz des amerikanischen Piloten?
9. Beschäftigt euch in Partnerarbeit mit den Aussagen von Schickl über den abgeschossenen Piloten: „Er ist ein Mensch. Er hat Würde verdient.“ (© ebd., S. 82)
10. Im Gespräch zwischen Vater und Sohn erfährt Felix einiges von den Gedanken seines Vaters. Was bringt der Vater zum Ausdruck, was will er seinem Sohn vermitteln? Fasse kurz zusammen, was du aus den Aussagen des Vaters herausliest.
11. Wie verhält sich Frau Feik beim Eierdiebstahl und dem anschließenden Gespräch zwischen ihr und Felix’ Mutter?

Begriffserklärung: Hamstern / Hamsterfahrt

Hamstern bedeutet, sich Vorrat zu beschaffen. Meist sind damit Nahrungsmittel, manchmal auch andere Dinge wie Kleidung oder Werkzeug gemeint. Oft wird mit dem Wort „hamstern“ auch verbunden, dass jemand mehr als das Nötigste besorgt.
Bei Hamsterfahrten haben sich Menschen in Notzeiten (z. B. im Krieg) in überfüllten Zügen, mit dem Fahrrad oder auch zu Fuß auf den Weg gemacht, um Nahrungsmittel, Kleidung etc. zu besorgen. Dabei mussten sie häufig wertvolle Gegenstände gegen Nahrungsmittel (z. B. bei Bauern) eintauschen.

Methoden-Box

Betontes Lesen

Durch betontes Vorlesen kann man dem Zuhörer einen Text besonders intensiv vermitteln. Auch die eigene Interpretation des Textes lässt sich durch das betonte Vorlesen zum Ausdruck bringen.
Nimm einen Bleistift und füge Lesezeichen (siehe unten) in den Text ein, die dir beim Vorlesen helfen.

Achtung: Schreibe nur in das Buch, wenn es sich um dein eigenes handelt!

Lesezeichen:

|	= kurze Pause	–	= leicht betonen
||	= lange Pause	=	= stark betonen
↑	= Stimme heben	↓	= Stimme senken
„“	= wörtliche Rede	~~~	= schnelles Lesen

Kapitel 22 – 25 (1)

Als Felix am nächsten Tag Marta trifft, gibt er ihr von der Schokolade, die er von seinem Vater geschenkt bekommen hatte. Dabei verrät er seiner Freundin, dass sein Vater nicht tot und im Heu bei ihnen im Stall versteckt ist.
Marta erzählt, dass ihr Vater wirklich tot sei.

Als Felix Franz trifft, zeigt der ihm in der Werkstatt seines Vaters die Kapseldöschen, die er von Felix erhalten hatte. Plötzlich schreit Franz laut durch den Ort, dass der Krieg nicht lustig und dass der Krieg beendet sei. Daraufhin sorgt Feik dafür, dass Franz von der Gestapo abgeholt wird, ohne dass der Vater von Franz dies verhindern kann.
Die Kinder Felix, Marta, Tofan und Karri spielen am Sägewerk. Dort fordert Karri die anderen zu einer Mutprobe heraus.
Karri besucht Felix und äußert sich negativ über Tofan. Felix wird von Karri überredet, Tofans Zelt, in dem er mit seinem Großvater wohnt, anzuzünden.
Felix fühlt sich für seinen Vater verantwortlich, der nicht entdeckt werden darf. Deshalb muss der Junge so tun, als sei er *für* Hitler und die Nazis.

Aufgaben

1. Schildere die Szene, in der Felix Marta ein Stück Schokolade schenkt.
   Welche Bedeutung hat dies?
2. Warum verrät Felix seiner Freundin das Geheimnis um seinen Vater?
   Findest du das richtig? Begründe deine Antwort.
3. Beschreibe das Verhältnis von Felix und Marta.
4. Feik meint, dass man „solche Leute“, gemeint ist Franz, „ausmerzen“ müsste (© ebd., S. 93).
   Was meint er damit? Siehe hierzu die Begriffserklärung: „Euthanasie“ (s. S. 21).
5. Beschreibe, wie sich Feik beim Abtransport von Franz verhält.
6. Suche Gründe, warum sich Feik so verhält.
7. Warum spielt Karri mit den anderen diese „Mutprobe“? Was verspricht er sich davon?
   Wie verläuft die Mutprobe?

Kapitel 22 – 25 (2)

Gruppenarbeit: Bildet kleine Gruppen von mindestens vier Personen. Stellt die Szene des Kapitels 25 nach. Spielt verschiedene Variationen der Handlung durch. Dabei übernimmt ein Schüler/eine Schülerin die Aufgabe des Beobachters/der Beobachterin und beschreibt anschließend die gespielte Szene.

■ Wahlaufgabe

Stelle die Szene um den Abtransport von Franz und das Verhalten von Feik in einer Reportage (s. Methoden-Box: Reportage) dar.

Begriff: Euthanasie
Zur Weltanschauung der Nationalsozialisten gehörte auch die Euthanasie. Darunter versteht man die Vernichtung sogenannten „unwerten Lebens".
So wurden in der Nazizeit behinderte Menschen als „lebensunwertes" Leben getötet. Bereits in seinem Buch „Mein Kampf" hatte Hitler die „Notwendigkeit" von Zwangssterilisationen von körperlich und geistig „Unwürdigen" beschrieben.
Mit Zwangssterilisation ist gemeint, dass Menschen gegen ihren Willen unfruchtbar bzw. zeugungsunfähig gemacht werden. Für Hitler hatten nur die Gesunden und Starken das Recht und die Pflicht, für Nachkommen zu sorgen.

Methoden-Box

Reportage

Mit Reportage wird eine journalistische Textsorte bezeichnet. Ein Reporter zum Beispiel schreibt eine Reportage zu einem bestimmten Thema. Dabei berichtet er nicht nur über ein Ereignis, sondern er kann bei seiner Reportage das Thema auch aus seiner eigenen Sicht ergänzen. Häufig erzählt ein Reporter aus der Perspektive eines Betroffenen, eines Augenzeugen.
Der Leser, Zuhörer, Zuschauer soll dadurch stärker das Geschehen mit- oder nacherleben können. Es ist auch möglich, Interviews und Kommentare in die Reportage einzubeziehen. Ebenfalls können Fotos (Fotoreportage) und andere Bilddarstellungen wichtige Elemente sein.

Kapitel 26 – 30 (1)

Schon in der Nacht nach der Brandstiftung plagt Felix sein Gewissen.
Schließlich gesteht er seinem Vater, was er getan hat.
Am nächsten Tag fällt die Schule aus, weil die Amerikaner schon so nah sind.
Felix bittet Marta, Tofan ein Stückchen von seiner Schokolade abzugeben. Dies wird von Karri beobachtet. Er stellt Marta zur Rede, wo sie die Schokolade herhätte.
Karri schöpft Verdacht.
Kurze Zeit später gesteht Felix seinen Eltern alles. Felix' Vater verlässt das Versteck zu Hause und taucht in einer Waldhütte unter. Felix begleitet seinen Vater bis zu der Hütte, besucht ihn zwei Tage später und sorgt für Essensnachschub. Auf dem Heimweg wird er von Karri überrascht, der ihn sofort zur Rede stellt und vermutet, Felix hätte einen Deserteur besucht. Feik gegenüber versucht Felix, dessen Verdacht zu zerstreuen. Während Feik mit einer Gruppe alter Männer nach dem Deserteur sucht, verbringen Felix und Tofan die Zeit im Glaszimmer. Dann kommen Tiefflieger und beschießen den Ort.

Aufgaben

1. Stelle den Inhalt des Kapitels 26 „Schlechtes Gewissen“ mit Hilfe der 6-Schritt-Lesemethode (s. Methoden-Box: 6-Schritt-Lesemethode, S. 17) dar.
2. Wodurch lässt sich Felix von Karri zu der Brandstiftung überreden?
3. Wie fühlt sich Felix, nachdem er mit Karri das Feuer gelegt hat? Stelle in Form eines „inneren Monologs“ (s. Methoden-Box: Innerer Monolog) die Gewissensbisse und die Gedanken von Felix nach der Brandstiftung dar.

Methoden-Box

Innerer Monolog

Der innere Monolog ist eine Innensicht aus der Perspektive einer Figur, in der (äußere) Ereignisse in Form innerer Gedanken und Gefühle dargestellt werden. Grundsätzlich gelten folgende Aspekte:

- Ich-Form, 1. (ggf. auch 2.) Person Indikativ Präsens
- Figur spricht sich selbst direkt an
- Erzähler versetzt sich in die Figur hinein und gibt deren Gedanken, Gefühle und Wahrnehmungen wieder; er ist währenddessen nicht präsent
- Gedanken werden so ausgedrückt, wie sie einfallen; sie sind daher oftmals unsortiert und in willkürlicher Reihenfolge
- Satzbau entspricht dem Nachdenken und ist entsprechend kurz und eventuell unvollständig

Kapitel 26 – 30 (2)

4. Im Gespräch mit seinem Vater gesteht Felix die Tat. Wie reagiert der Vater?
5. Beschreibe die Szene, in der Marta Tofan von der Schokolade abgibt und Karri dies beobachtet.
6. Felix beichtet seinen Eltern seinen Fehler, Marta von seinem Vater erzählt zu haben und ihr auch von der Schokolade abgegeben zu haben. Welche Entscheidung treffen die Eltern?
7. Der Vater erzählt seinem Sohn das Märchen vom goldenen Schlüsselchen. Was wird mit dieser Geschichte ausgesagt?
8. Was geschieht, als Karri Felix im Wald begegnet, nachdem dieser seinen Vater in der Hütte besucht hatte?
9. Worüber sprechen Felix und Tofan, als sie sich im Glaszimmer aufhalten?

Wahlaufgabe:

Erarbeitet in einer kleinen Gruppe eine sogenannte szenische Lesung (s. Methoden-Box: Szenische Lesung) von dem Text des Kapitels 27.

Methoden-Box

Szenische Lesung

Bei der szenischen Lesung wird der Text dem „Publikum" in Form einer gespielten Lesung vorgestellt.
Dabei ist der Text zunächst zu dialogisieren, das heißt, aus erzählenden Textabschnitten sind möglichst Dialoge zu bilden. Man kann natürlich auch einen Erzähler einbauen und von diesem beschreibende Textpassagen vortragen lassen. Nach Möglichkeit werden die gesprochenen Textpassagen durch eine entsprechende schauspielerische Darstellung ergänzt.

Kapitel 31 – 33 (1)

Mit Männern aus dem Dorf beteiligen sich Felix und Tofan daran, den Ort zu verteidigen. Die Volkssturmmänner heben Gräben aus und bauen Verschanzungen. Feik erteilt die Befehle. Ein Mann erklärt den beiden Kindern, wie eine Panzerfaust funktioniert.
Dann greifen amerikanische Kampfflugzeuge an. Der Krieg tobt. Bald kommt Felix' Mutter und holt ihn nach Hause. Dort erzählt sie ihm, dass Hitler tot sei. Wenig später hisst Felix eine weiße Fahne und reißt das Hitlerbild von der Wand und will es vernichten. Anschließend stößt er mit Feik zusammen und begegnet schließlich seinem Vater.
Zwei SS-ler suchen nach dem Deserteur und befragen die Mutter und Felix. Bei der Durchsuchung führt Felix die beiden Soldaten immer wieder auf die falsche Fährte. Als die Männer weg sind, kommt Marta und berichtet, dass Tofan nicht zurückgekommen sei.

Begriffserklärung: Panzerfaust
Eine Panzerfaust wurde auch Panzerabwehrrohr genannt. Mit dieser Waffe wurden meist feindliche Panzer angegriffen. Bei dieser einfach gebauten Waffe befand sich in einem Rohr eine Granate, die nach vorne abgeschossen wurde und nach hinten einen Gasstrahl abgab. Der konnte auf kurze Entfernung für den Schützen tödlich sein. Eine Panzerfaust hatte nur eine geringe Reichweite.

Aufgaben

1. Schildere die Ereignisse auf dem „Schlachtfeld“ vor, während und nach dem Flugzeugangriff.
2. Beschreibe die Reaktion von Felix auf die Meldung, dass Hitler tot sei.
3. Feik gefällt nicht, dass Felix das Hitlerbild „entsorgt“. Wie reagiert er?
4. Beschreibe die Begegnung zwischen Felix und seinem Vater.
5. Beschreibe, wie Felix die beiden SS-ler behandelt.

Kapitel 31 – 33 (2)

6. Löse nun das Kreuzworträtsel.
    1. Bezeichnung der Gruppe von Männern, die den Ort verteidigten
    2. Wort für die Abkürzung „Wuwa“
    3. Mensch, der als Soldat vor dem Krieg flieht
    4. Motiv bzw. Abbildung der Armbinde des Ortsgruppenleiters Feik
    5. Aushub zum Schutz des Dorfes
    6. warnt die Menschen vor einem feindlichen Angriff
    7. Waffe, die die Kinder lernen zu bedienen
    8. wird von Felix „entsorgt“
    9. Bezeichnung des Hitlerporträts durch Feik.
    10. Wer erzählt, dass Tofan nicht zurückgekommen ist?

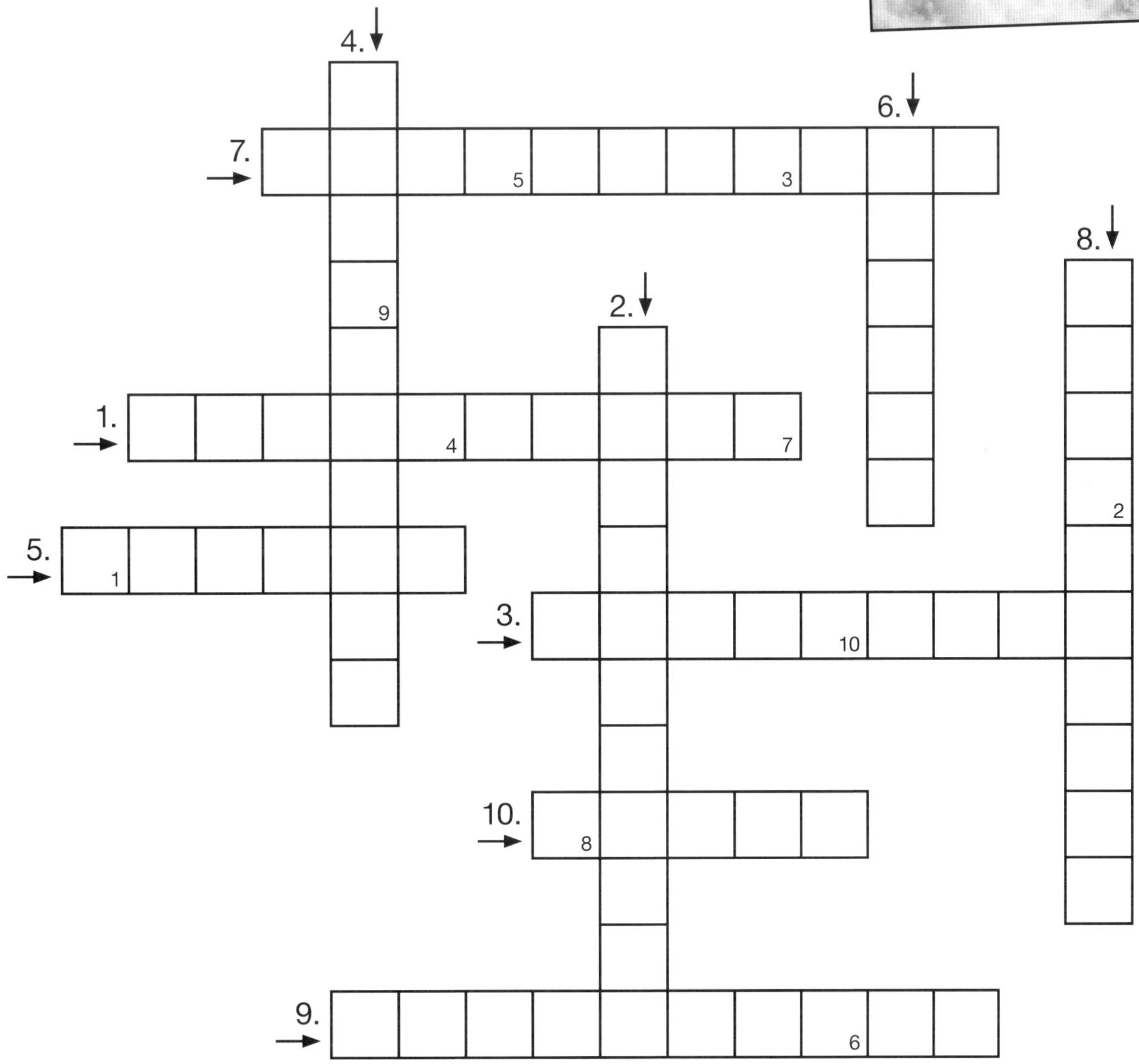

4.↓ 7.→ 6.↓ 8.↓ 2.↓ 1.→ 5.→ 3.→ 10.→ 9.→

Lösungswort:

__ __ __ __ __ __ __ __ __ __
1 2 3 4 5 6 7 8 9 10

Kapitel 34 – 37 (1)

Felix sucht Tofan und findet ihn schließlich tot. Zu Hause tauchen wieder SS-ler auf. Der Vater gibt sich ihnen zu erkennen. Gemeinsam mit Marta rettet Felix die Situation und seinen Vater, indem er und Marta rufen, dass die Amerikaner da wären. Schon verschwinden die SS-ler.
Wenig später kommen amerikanische Soldaten in den Ort. Der Vater von Felix fordert Feik auf, sich zu stellen. Feik wird von den Amerikanern abgeführt und gemeinsam mit Felix' Vater abtransportiert.
Felix bekommt vom Fahrer des Jeeps, in dem Feik und der Vater weggefahren werden, ein Päckchen Kaugummi zugeworfen.
Abends treffen sich Marta und Felix im Glaszimmer. Dort erzählt er ihr von dem goldenen Schlüsselchen – und sie denken an eine glückliche Zukunft.

Aufgaben

1. Beschreibe die Situation, als noch einmal SS-ler kommen und sich der Vater ihnen stellt.
2. Wie löst Felix die Situation und rettet dadurch seinen Vater?
3. Wie verhält sich Feik, als die Amerikaner den Ort „befreien"?
4. Wie wirkt es, dass am Ende der ehemalige Ortsgruppenleiter der Nazis Feik und Felix' Vater Bernd, der Deserteur, zusammen im Auto der Amerikaner sitzen?
5. Welche „Anklage" steckt in diesen Worten des Vaters: „Wie gibt es das, dass Menschen mit Hirn im Kopf, mit Augen und Verstand, Menschen mit Herz, wo die Liebe daheim ist, nicht unterscheiden können zwischen Gut und Böse, zwischen Liebe und Hass? Feik, hast du wirklich Hitlers Untaten nicht begriffen?" (© ebd., S. 141)
6. Warum schweigt Feik wohl auf diese Frage?

Kapitel 34 (2)

7. Beschäftigt euch intensiv mit dieser Frage, indem ihr dazu ein sogenanntes Karussellgespräch (s. Methoden-Box: Karussellgespräch) führt.
8. Beschreibe die letzte Szene des Romans, in der Marta und Felix die Zeit im Glaszimmer verbringen.
9. Warum erzählt Felix Marta von dem Märchen mit dem goldenen Schlüsselchen?
10. Sprecht in einer kleinen Gruppe über die Bedeutung des folgenden Satzes, der eine Antwort gibt auf die Frage von Marta, wo sie das goldene Schlüsselchen finden könnte: „In deinem Kopf, wo deine Träume wohnen, mit denen du den Wind fangen kannst, der dich zu den schönsten Abenteuern des Lebens trägt." (© ebd., S. 145)

Methoden-Box

Karussellgespräch

Es werden zwei Stuhlkreise gebildet. Einer der Kreise bildet den Innenkreis, die Schüler setzen sich mit Blickrichtung nach außen. Der Außenkreis sitzt dem Innenkreis genau gegenüber. Die Schüler im Innenkreis übernehmen die Pro-Argumentation, die im Außenkreis die Kontra-Argumentation (oder umgekehrt). Nun wird die zu diskutierende Frage formuliert und möglichst die Dauer einer Diskussionsrunde festgelegt (z. B. eine Minute). Die sich jeweils gegenüber sitzenden Schüler diskutieren die Themenfrage aus ihrer Argumentationsaufgabe (Pro und Kontra) heraus. Beide schreiben die wichtigsten Argumente (ihre eigenen und die ihrer Gesprächspartner) stichwortartig auf. Nach Ablauf der Diskussionszeit rücken die Schüler des Außenrings um einen Platz im Uhrzeigersinn weiter. Es beginnt eine neue Diskussionsrunde. Beim nächsten Platzwechsel kann man die Schüler des Außenkreises zwei oder drei Plätze weiterrücken lassen. Es ist sinnvoll, mindestens fünf, sechs oder auch mehr Diskussionsrunden durchführen zu lassen. Nach Beendigung des „Karussells" werden die notierten Argumente vorgetragen und besprochen.

Oral history

Die Beschäftigung mit der Geschichte vor Ort und den mündlich überlieferten historischen Erfahrungen der Menschen, wird als *oral history* bezeichnet. So ist es eine interessante Aufgabe, sich mit ausgewählten Themen der Geschichte des eigenen Heimatortes zu beschäftigen und dazu Befragungen von Zeitzeugen vorzunehmen bzw. im Archiv nach entsprechenden Quellen zu suchen. Das so gewonnene „Wissen“ wird anschließend in einer schriftlichen Dokumentation festgehalten. Dabei ist es wichtig, dass die Inhalte authentisch sind, also der Wahrheit entsprechen und in einen historisch richtigen Zusammenhang gesetzt werden.

■ Aufgabe

Eine interessante Gruppenarbeit: Konkret könntet ihr der Frage nachgehen, was während der Nazizeit (1933 – 1945) in eurem Heimatort passierte. Wie erlebten die Menschen dort damals die Unterdrückung durch die Nazis? Wohnten Juden im Ort? Wie wurden sie behandelt? Wie lebten die Menschen in ihren Familien, in der Schule, an ihrem Arbeitsplatz? Wie waren die Menschen vom Krieg betroffen? Wurden Häuser, Kirchen, Fabriken … zerstört? Kamen Menschen zu Schaden?
Ihr seht, es gibt eine ganze Menge Fragen und Themen, mit denen man sich beschäftigen kann. Überlegt einmal bzw. versucht herauszubekommen, was ihr in eurem Heimatort zur Nazizeit erforschen könntet.
Und ganz wichtig: Befragt heute noch Lebende nach ihren Erfahrungen.
Haltet eure Arbeitsergebnisse in einer Art Dokumentation fest. Hierbei könnt ihr neben einer schriftlichen Darstellung natürlich auch einen Film drehen oder eine andere Form der Präsentation wählen.

Dramatisierung und Drehbuch

Der Roman „Das Glaszimmer und ein Brief an den Führer“ ist entstanden, nachdem der Autor zuerst ein Filmdrehbuch geschrieben hatte. Nach diesem Drehbuch wurde auch der Kinofilm „Das Glaszimmer“ produziert. Eine reizvolle Aufgabe für euch besteht nun darin, den vorliegenden Romantext zu dramatisieren, das heißt, Teile des Textes oder auch den gesamten Roman in eine Drehbuchfassung zu verwandeln.
Anschließend könnte dieses Drehbuch von euch filmisch umgesetzt werden. Da das sehr viel Arbeit und auch eine schwierige Aufgabe darstellt, empfiehlt sich, sich auf einige Szenen aus dem Roman zu beschränken. Beim Schreiben eines Drehbuches ist die Dialogisierung besonders wichtig.
Einige Hilfen findet ihr in den Methoden-Boxen „Dialogisierung“ und „Drehbuch“ (s. u.).
Möglich wäre natürlich auch, anstelle eines Films ein (kleines) Theaterstück zu erstellen.

Aufgaben

1. Wählt eine oder mehrere Szenen (Kapitel) aus dem Roman aus und schreibt ein Drehbuch als Vorlage für eine oder mehrere Filmszenen (oder auch für Theaterszenen).
2. Führt eure Film- oder Theaterszenen eurer Parallelklasse oder euren Eltern vor.
3. Entwerft ein Film- oder Theaterplakat, mit dem ihr euren Film/euer Theaterstück ankündigt und „bewerbt“. Vielleicht möchtet ihr auch einen kurzen Trailer/Werbespot produzieren, der neugierig auf euren Film macht. Informiert euch vorher, wie man einen solchen Spot anfertigen kann.

Methoden-Box

Dialogisierung

Beim Dialogisieren wird ein erzählender Text in einen Dialogtext (Rede und Gegenrede) umgewandelt. Durch das Dialogisieren kann man sich noch stärker in das Denken und Fühlen einer Person hineinversetzen. Wichtig sind entsprechende Regieanweisungen: wie zum Beispiel Angaben über die Art des Sprechens, den Ort der Handlung, die Requisiten …

Methoden-Box

Drehbuch

1. Stellt euch vor, ihr wäret der Regisseur/Kameramann einer Literatur-Verfilmung und sollt eine Szene aus dem Roman, zum Beispiel den Anfang, in einzelnen Einstellungen abbilden. Legt ein entsprechendes Drehbuch mit Bildern und Text an. Achtet dabei auf Ausstattungsdetails (z. B. Grundriss/Lage der Gebäude, Aussehen der Figuren, Lichtverhältnisse …). Überlegt: Wodurch wird das Interesse des Publikums geweckt? Wie lenkt ihr den Blick des Zuschauers? Wodurch werden die Kinobesucher für die weitere Geschichte gefangen genommen?
2. Dreht eure Szene mit einer Videokamera. Was braucht ihr für euren Dreh (Ort, Kostüme, Requisiten, Darsteller, Technik etc.)? Weist eure Darsteller genau ein.

Filmanalyse / Vergleich Buch – Film

Es gibt immer wieder Romane, die verfilmt werden. Das heißt, auf der Grundlage des Romans entsteht ein Film, meist handelt es sich um einen sogenannten Spielfilm. So ist auch dieser Roman verfilmt worden, und zwar unter dem Titel „Das Glaszimmer“.

Es ist natürlich interessant zu schauen, wie sich Roman und Film unterscheiden.
Dazu müsstest du nicht nur den Roman gelesen, sondern auch den Film geschaut haben.
Nun gibt es beim „Glaszimmer“ noch eine Besonderheit. Zuerst gab es ein Drehbuch.
Danach ist der Film entstanden. Schließlich hat der Autor aus dem Drehbuch einen Roman gemacht.
Dies ist der Text, den ihr als Klassenlektüre gelesen habt.
Vergleichen wir nun einmal etwas genauer den Roman und den Film. Dazu sollen die folgenden Fragen helfen:

- Wie wird die Zeit dargestellt, in der die Handlung spielt?
- Wie werden die Personen dargestellt?
- Welche Handlungen sind im Roman und im Film gleich, welche unterscheiden sich?
- Welche wichtigen Aussagen vermittelt der Roman, welche der Film? Unterscheiden sie sich? Wenn ja – wie? Benutze die Tabelle.

Hinweis: Wenn du dich noch intensiver mit dem Thema beschäftigen möchtest:
Es ist noch ein Buch zum Film entstanden, in dem nicht nur der Romantext abgedruckt ist, sondern auch noch interessante Hintergrundinformationen enthalten sind. So gibt es dort Interviews mit dem Drehbuchautor (der auch der Romanautor ist), dem Regisseur und einigen Schauspielerinnen und Schauspielern. Viele Fotos aus dem Film und von den Drehbuchautoren sind ebenfalls in dem Buch enthalten. Schließlich erfährt man Interessantes über die Zeit, in der das „Glaszimmer“ spielt. Und auch über die Bedeutung dieses Themas für uns heute kannst du dort einiges nachlesen.

Frage	Roman	Film

Ausstellung / Kunstprojekt:

Überlegt einmal, wie ihr das Thema des Romans bzw. den konkreten Romaninhalt in anschaulicher Form vermitteln könnt. Hierzu bietet sich zum Beispiel eine Ausstellung an, bei der ihr natürlich auch – falls ihr eine solche Arbeit geleistet habt – euren Film (oder ein Theaterstück) zeigen könnt. Mittelpunkt der Ausstellung könnten eure Kunstwerke sein, die ihr – motiviert und inspiriert durch den Roman – geschaffen habt. Ob das nun Zeichnungen, Gemälde, Comics, Collagen ... sind, ist euch überlassen. Oder ihr sprecht mit eurer Lehrkraft ab, welche Gestaltungsform ihr nutzen sollt.
Denkbar sind selbstverständlich auch schriftliche Werke: Gedichte, Songs, Erzählungen ..., die zum Beispiel in einer Textesammlung veröffentlicht und bei der Ausstellung präsentiert werden können. So würde es sich anbieten, die Texte einem größeren Publikum vorzustellen (vorzulesen ...) – und anschließend darüber zu sprechen.
In eine Ausstellung gehört auch eine Art Dokumentation eurer gesamten Arbeit, also zum Beispiel Fotos von euren Gruppenarbeiten, Diskussionsrunden, Arbeiten an den Ausstellungsarbeiten, Theaterproben oder Filmarbeiten usw.
Achtet dabei auf den Schutz persönlicher Rechte.

Gefühlsparcours

Felix – und auch andere Figuren des Romans – durchleben im Laufe der Romanhandlung unterschiedliche Gefühle und Stimmungen. So fühlt sich Felix immer wieder von dem, was den Nationalsozialismus ausmacht (Symbole, Kameradschaft, Stärke ...), angezogen. Ob dies die Kameraden sind, die sich von den Trommelschlägen befehligen lassen (und er ja auch selbst diese Erfahrung macht) oder ob es der Einsatz im Ort gegen die gegnerischen Soldaten ist – von all dem geht etwas Anziehendes für Felix aus.
Aber auch die Begegnungen mit Karri, die Brandstiftung oder seine Fehler gegenüber der Geheimhaltung, was seinen Vater betrifft, machen unterschiedliche Gefühlslagen von Felix deutlich.

Aufgaben

Hier eignet sich eine Arbeit in einer Kleingruppe:

1. Stellt mit Hilfe der Charakterisierungen der Hauptpersonen die wichtigsten Merkmale (äußere und innere Entwicklung) dieser Personen in kurzer Form dar, zum Beispiel: Felix ist ... / Felix fühlt ... / Felix denkt ... / Er hat sich verändert ... / Er erlebt ...
2. Stellt nun verschiedene Hauptfiguren – und ihre Entwicklung – „handelnd" dar. Verteilt euch im Raum und probiert, die verschiedenen Stimmungen, Gefühlslagen ... der Person • mit Gestik • durch Bewegung im Raum • durch Stimme – zum Beispiel Wörter, Geräusche, Klänge ... – auszudrücken.

Tauscht euch nach jeder Übung über eure „Erfahrungen" aus, die ihr während der Übung gemacht habt.

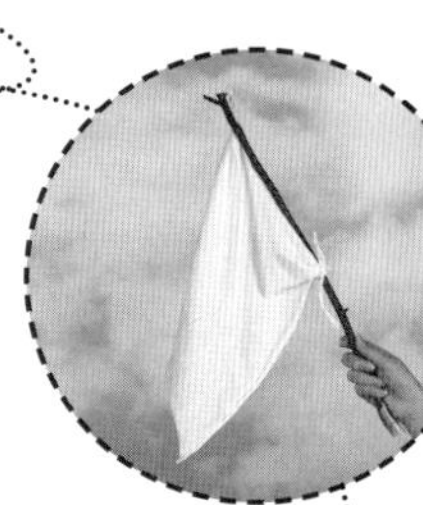

Buchtipp:

Schreibe einen Buchtipp, in dem du dieses Buch als Klassenlektüre zum Beispiel für die Parallelklasse empfiehlst. Dabei sollen nicht nur der Inhalt, sondern auch die wichtigste(n) Aussage(n) des Romans dargestellt werden. Ebenfalls sollten positive Dinge und eventuell auch negative Kritikpunkte nicht fehlen.

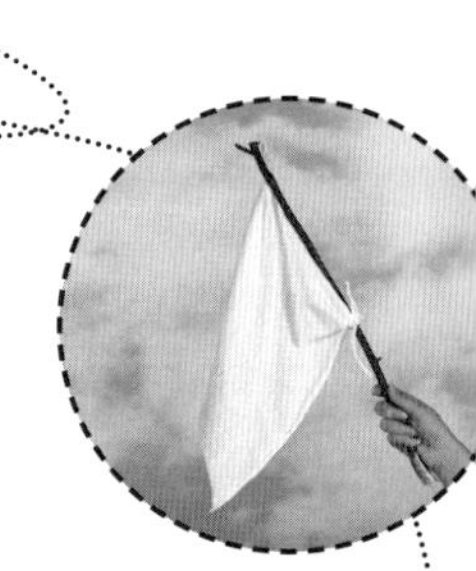

Buchcover

Das Cover eines Buches ist wichtig für das erste Interesse, das jemand an einem Buch hat. Seine Gestaltung erfordert viel Kreativität.

Aufgabe

Nach der Lektüre des Romans ist dir der Inhalt sicherlich vertraut. Nun kannst du dich auch kreativ betätigen und ein (anderes) Cover für das Buch entwerfen. Dabei brauchst (sollst) du dich überhaupt nicht an der Vorgabe des bestehenden Covers zu orientieren. Du bist also völlig frei in deiner Gestaltung.
Es wäre allerdings schön, wenn du deine Überlegungen zu deinem Cover kurz schriftlich erläutern würdest, zum Beispiel:

- Wie bist du auf deine Gestaltungsidee gekommen?
- Was war für dich besonders wichtig?
- Welche Aussage möchtest du mit deinem Cover vermitteln?
- …

Historischer Hintergrund (1)

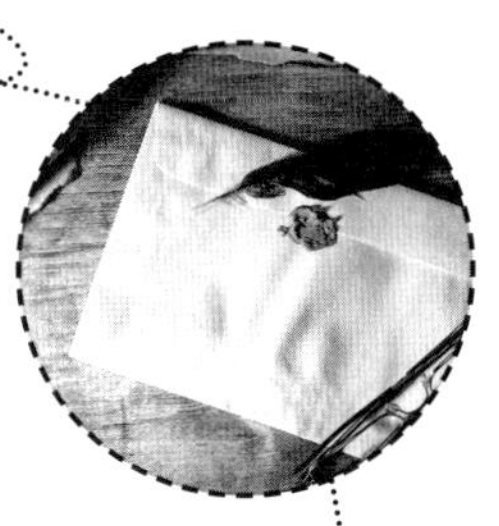

Hier werden nun einige wichtige Themenschwerpunkte vorgestellt, die in der Romanhandlung eine besondere Rolle gespielt haben und die für das Verständnis des Romaninhalts hilfreich sind. Dies sind vor allem historische Inhalte, die die Hintergründe der Handlung leichter verstehen lassen.

Nationalsozialismus
So nennt man die Weltanschauung (s. u.) von **Adolf Hitler** und den **Nationalsozialisten.** Es ist die Ideologie, die während der Regierungszeit Adolf Hitlers zwischen **1933** und **1945** in Deutschland herrschte. Diese Herrschaftszeit wurde auch als **Drittes Reich** bezeichnet. Es war das dritte Reich nach dem Heiligen Römischen Reich und dem Bismarck-Reich in Deutschland. Menschen, die diese Weltanschauung vertraten, nennt man auch **Nazis.** Wer heute noch die Vorstellungen und Ziele der Nazis vertritt, wird als Neo-Nazi bezeichnet.

Die nationalsozialistische Weltanschauung
Die Weltanschauung der Nationalsozialisten wurde stark von den Ideen und Vorstellungen **Adolf Hitlers** bestimmt. So hatte er sie in seinem Buch *„Mein Kampf“,* aber auch in vielen seiner Reden dargestellt.
Die nationalsozialistische Weltanschauung setzt sich hauptsächlich aus folgenden drei „Säulen“ zusammen:

1. Rassismus / Antisemitismus
Nach dieser Rassenlehre glaubte man, dass einzelne Menschenrassen bestimmte Eigenschaften hätten. Grundsätzlich wurde nach höherwertigen und minderwertigen Rassen unterschieden und eine Rangordnung aufgestellt. Die „arische“ (deutschblütige) Rasse nahm dabei den höchsten Rang ein. Es war die sogenannte „Herrenrasse“.
Die Juden standen am Ende dieser Liste und galten als „Untermenschen“. Sie sollten gehorchen und arbeiten oder sogar ausgerottet werden. So kam es zum Mord an Millionen Juden, Sinti und Roma sowie Angehörigen fremder Völker. Dabei sind Juden keine Rasse, sondern sie gehören einer Religion an, dem Judentum.

2. Führerprinzip
„Führer befiehl – wir folgen!“ So lautete der Grundsatz, nach dem der deutsche Staat damals regiert wurde. Was der Führer befahl, hatten die Untergebenen kritiklos zu tun. Hitler sagte dazu: „Wer Führer sein will, trägt bei höchster unumschränkter Autorität auch die letzte und schwerste Verantwortung. Wer dazu nicht fähig ist oder für das Ertragen der Folgen seines Tuns zu feige ist, taugt nicht zum Führer.“ Der **Führerstaat** des Deutschen Reiches war von oben nach unten durchorganisiert und durch eine Anzahl von „Unterführern“ gegliedert. Bis in die kleinste menschliche Gemeinschaft hinein war der Staat vertreten.

Historischer Hintergrund (2)

3. Lebensraumschaffung im Osten

Nach der nationalsozialistischen Weltanschauung konnten Wohlstand und Macht des deutschen Volkes nur gesichert werden, wenn Deutschland sich unabhängig vom Ausland **selbst versorgen** konnte. Das heißt, Deutschland musste zum Beispiel für Rohstoffe und Nahrungsmittel selbst sorgen.
So sollte der Osten Europas als sogenannte „Kornkammer“ genutzt werden, wo man eben Getreide und andere Grundnahrungsmittel anbauen konnte. Ebenfalls müssten für die wachsende deutsche Bevölkerung **neue Siedlungsgebiete** gewonnen werden – und zwar hauptsächlich im Osten Europas. Zu diesem Zweck, so Hitler, sollten die dort ansässigen Völker vertrieben oder ausgerottet bzw. als Arbeitssklaven ausgebeutet werden. Der deutsche Lebensraum sollte sich dabei bis zum Ural in der Mitte der Sowjetunion ausdehnen. Endziel war die Weltherrschaft.

Aufgaben

1. Erläutere die Aussagen zu den einzelnen „Säulen“ der nationalsozialistischen Weltanschauung mit eigenen Worten und fasse deine Ergebnisse stichwortartig in der Tabelle (s. u.) zusammen.
2. Welche konkreten politischen Ziele waren mit den einzelnen Bestandteilen der nationalsozialistischen Weltanschauung verbunden? Trage auch dies in die Tabelle (3. Spalte) ein.

„Säulen“	Erläuterungen	politische Ziele

3. Wie zeigt sich die nationalsozialistische Weltanschauung in der Handlung des Romans? Nennen konkrete Beispiele anhand des Romantextes.

Historischer Hintergrund (3)

Adolf Hitler

Adolf Hitler wurde am 20. April 1889 in Braunau am Inn in Österreich geboren. Er war der Sohn des Zollbeamten Alois Hitler und dessen dritter Frau Klara. Schon früh zog die Familie nach Linz. Dort besuchte Hitler die Realschule, die er jedoch ohne Abschluss verließ. Als Berufswunsch gab er an, Kunstmaler werden zu wollen. Doch die Aufnahmeprüfung an der Kunstakademie bestand er nicht. Er ging als junger Mann nach Wien und schlug sich dort mit Gelegenheitsarbeiten durch. Nebenher verkaufte er selbst gezeichnete Postkarten. Eine Zeit lang wohnte er in einem Männerheim, einer Art Obdachlosenunterkunft.

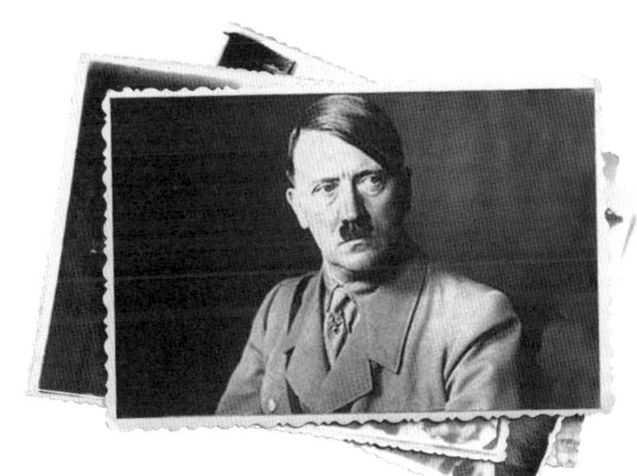

Schon früh kam Hitler mit rassistischem und antisemitischem Gedankengut in Berührung. Durch Begegnungen mit Juden in Wien wurde seine Einstellung gegenüber den Juden immer deutlicher. Hitler hasste die Juden und auch die Demokratie. Als 1914 der 1. Weltkrieg ausbrach, wurde Hitler als untauglich für den Kriegsdienst angesehen. Erst nach seiner Übersiedlung nach Deutschland zog man ihn in München zum Kriegsdienst ein.
Er wurde Gefreiter. Dies blieb er bis zum Kriegsende.
Nach dem verlorenen 1. Weltkrieg beschäftigte sich Hitler immer stärker mit politischen Fragen. Er trat der kleinen Deutschen Arbeiterpartei bei, die sich 1920 in die Nationalsozialistische Deutsche Arbeiterpartei (NSDAP) umbenannte. Hitler wurde fünftes Mitglied dieser Partei und gewann schnell Einfluss. Schließlich wurde er ihr Vorsitzender.

Nach einem Putsch gegen die Regierung der Weimarer Republik 1923 wurde er verhaftet und zu einer Gefängnisstrafe verurteilt. Während dieser Zeit entstand sein Buch „Mein Kampf“, in das er alle seine Ideen und Ziele niederschrieb. Nach etwa fünf Monaten entließ man ihn vorzeitig aus der Haft. Danach begann sein Aufstieg als Politiker. Aufgrund seiner Redefähigkeit überzeugte er viele Menschen. So kam er am 30. Januar 1933 auf legalem Wege an die Macht. Er wurde zum Reichskanzler ernannt.

■ Aufgabe

Informiere dich ausführlicher über das Leben Hitlers und fertige einen Steckbrief von ihm.

Historisher Hintergrund (4)

Hitler-Jugend (HJ)
Bezeichnung für die Jugendorganisation der NSDAP: Es war die wichtigste Organisation zur „körperlich-geistigen und sittlichen Erziehung der Jugend“ sowie seit 1939 zur „vormilitärischen Ertüchtigung“.
Aufbau: 10–14-jährige Jungen bildeten das Deutsche Jungvolk, die Mädchen den Jungmädelbund, die 14–18-jährigen Jungen und Mädchen die Hitlerjugend (HJ) für Jungen und den Bund Deutscher Mädel (BDM) für die Mädchen.

Nationalsozialistische Erziehung

„Wer die Jugend hat, hat die Zukunft.“

Nach diesem Wahlspruch hat der Nationalsozialismus gehandelt. Danach richtete er seine Pädagogik aus. So wurde die Jugend von den Nazis rücksichtslos für ihre Zwecke und Interessen missbraucht. Schon früh wurde sie mit den Ideen und Zielen der nationalsozialistischen Weltanschauung vertraut gemacht. Die Kinder und Jugendlichen sollten unkritisch sein gegenüber dem Nationalsozialismus. **Blinder Gehorsam** war oberste Pflicht. Im Unterricht waren Fächer wie Deutsch und Biologie, in denen die nationalsozialistische Weltanschauung gut vermittelt werden konnte, wichtig.

Ganz oben stand die Leibesertüchtigung, also der **Sport.** Denn vor allem sollten die jungen Menschen **wehrtauglich,** also für den Einsatz im Krieg, geeignet sein. Neben der Schule spielten die Jugendorganisationen **Hitler-Jugend** und **Bund Deutscher Mädel** eine wichtige Rolle. Die Familien mussten sich in der Erziehung ihrer Kinder an die Vorgaben der nationalsozialistischen Weltanschauung halten. Nicht selten wurden Eltern und ihre Kinder zu Gegnern bei der Frage, ob die nationalsozialistische Politik richtig sei. Die Jugend im Nazi-Deutschland stand jahrelang völlig unter der Kontrolle des Staates. So waren Bildung und Erziehung in den Schulen strikt nationalsozialistisch ausgerichtet.
Außerhalb der Schule folgte nach der **Hitler-Jugend** der **Reichsarbeitsdienst** und schließlich für die Jungen die **Wehrmacht.**

Historischer Hintergrund (5)

Aufgaben

1. Lies die Texte zum Historischen Hintergrund 1 bis 4.
2. **„Ihr werdet nicht mehr frei sein, euer ganzes Leben nicht!“**
   Was hat Hitler wohl mit dieser Aussage über die Jugend in Deutschland zum Ausdruck bringen wollen?
   Überlegt, wie ihr mit einem solchen Ausspruch umgehen würdet, wenn er euch sozusagen als Grundsatz für euer Leben gegeben würde. Diskutiert darüber in Form eines Karussellgespräches (s. Methodenbox: Karussellgespräch, S. 27).
3. In zahlreichen Zitaten werden Hitlers Vorstellungen von einer völkischen Erziehung deutlich. Sie geben sowohl inhaltlich als auch sprachlich einen Einblick in sein Denken. Sie zeigen vor allem auch die Ziele, die er mit „seiner“ Erziehung erreichen wollte:
   - „Der deutsche Junge der Zukunft muss schlank und rank sein,
     flink wie die Windhunde, zäh wie Leder und hart wie Kruppstahl.“
   - „Auch der Geist wird, wenn er gesund ist, in der Regel und auf die Dauer nur in gesundem Körper wohnen.“ (Nach einem Zitat des römischen Dichters Juvenal: „In einem gesunden Körper wohnt ein gesunder Geist.“ Allerdings hatte dieser es so gemeint: „Das einzige, um das wir die Götter bitten sollen, ist, dass in einem gesunden Körper ein gesunder Geist wohnen soll.“)

   Fülle die Tabelle aus und trage auch deine eigenen Gedanken ein.

Zitat Hitlers	Erklärung	heutige Bedeutung / eigene „Beurteilung“

Historischer Hintergrund (6)
Verführung der Jugendlichen

(Aus einem Lied, das zum „Hit“ in dem Film „Hitlerjunge Quex“ geworden war.)

Vorwärts! Vorwärts! Schmettern die hellen Fanfaren.
Vorwärts! Vorwärts! Jugend kennt keine Gefahren.
Deutschland, du wirst leuchtend steh’n,
mögen wir auch untergeh’n.
Vorwärts! Vorwärts! Schmettern die hellen Fanfaren.
Vorwärts! Vorwärts! Jugend kennt keine Gefahren.
Ist das Ziel auch noch so hoch. Jugend zwingt es doch!

Kehrreim (Refrain):
Unsre Fahne flattert uns voran.
In die Zukunft zieh’n wir Mann für Mann.
Wir marschieren für Hitler durch Nacht und durch Not
Mit der Fahne der Jugend für Freiheit und Brot.
Unsre Fahne flattert uns voran.
Unsre Fahne ist die neue Zeit.
Und die Fahne führt uns in die Ewigkeit!
Ja, die Fahne ist mehr als der Tod!

Jugend! Jugend! Wir sind der Zukunft Soldaten.
Jugend! Jugend! Träger der kommenden Taten.
Ja durch unsre Fäuste fällt, wer sich uns entgegenstellt.
Jugend! Jugend! Wir sind der Zukunft Soldaten.
Jugend! Jugend! Träger der kommenden Taten.
Führer, wir gehören dir, wir, Kameraden, dir!

Kehrreim (Refrain):
Unsre Fahne flattert uns voran …

In dem Schlusskommentar zu diesem Film stand im „Film-Kurier“:
„Der tapfere Soldat ist den Heldentod gestorben, für seine Sache, für die Kameraden, für die heißgeliebte Fahne und den Führer. Aber andere deutsche Jungen reißen die Fahne wieder hoch, die mit dem Blut eines der Besten geweiht ist.“

Aufgaben

1. Welche Informationen über die nationalsozialistische Weltanschauung werden in dem Lied vermittelt?
2. Welche Gefühle hat dieses Lied wohl damals bei den Jugendlichen ausgelöst? Was, glaubst du, hat das Lied bei den Jungen an der Front bewirkt?
3. Werden Kinder und Jugendliche auch heute noch von Liedern (Schlager, Popsongs, Rap …) beeinflusst? Begründe deine Antwort.
4. Kennst du aktuelle Songs, die – so wie das Lied oben – auch die Beeinflussung eines (jungen) Menschen zum Ziel haben? Wenn ja, welche? Stelle sie dar.

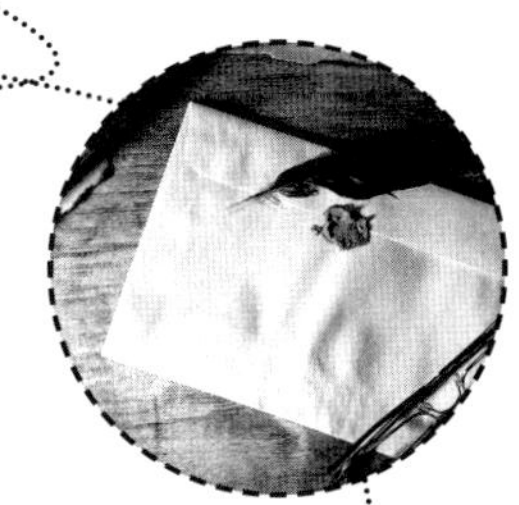

Historischer Hintergrund (7)
Der Zweite Weltkrieg

Deutschland löste am 01.09.1939 mit dem Angriff auf Polen den Zweiten Weltkrieg aus. Erst am 08.05.1945 war dieser Krieg durch die Kapitulation des Deutschen Reiches beendet. Einen endgültigen Abschluss fand der Krieg mit den Atombombenabwürfen der Amerikaner über Japan im August 1945.
Bei dem Krieg starben weltweit rund 75 Millionen Menschen. Allein in Deutschland kamen über 5 ½ Millionen Soldaten und über 2 Millionen Zivilisten ums Leben.
Über sechs Millionen Juden wurden durch die Nazis getötet.

Aufgabe

Informiere dich ausführlich über den 2. Weltkrieg. Stelle in einem Referat (s. Methoden-Box: Schriftliches Referat) die Ursachen, den Verlauf und die Folgen dieses Krieges dar. Fertige ebenfalls eine übersichtliche Chronik der Ereignisse vom 01.09.1939 bis zum August 1945.

Methoden-Box

Schriftliches Referat

Bei einem Referat beschäftigt man sich intensiv mit einem Thema und beleuchtet es entsprechend der Themenstellung von allen Seiten. Wie bei einem Aufsatz sollte es eine Einleitung, einen Hauptteil und einen Schluss haben.
In der **Einleitung** sollte man den Zweck der Beschäftigung mit dem Thema mitteilen. Außerdem kann hier kurz ein Überblick über die behandelten Schwerpunkte gegeben werden. Um auf das Thema einzustimmen, kann man zum Beispiel eine Erklärung des zentralen Themen-Begriffes vorwegnehmen. Auch ein geschichtlicher Rückblick oder ein aktuelles Ereignis eignet sich fürdie Einleitung.
Im **Hauptteil** werden alle wichtigen Themenbereiche sachlich richtig dargestellt. Die einzelnen Themenaspekte können der Wichtigkeit nach sortiert werden (vom Unwichtigeren zum Wichtigsten), um Spannung aufzubauen. Wenn ein Text/Bild usw. aus einer fremden Quelle genutzt wird, muss man genau den Fundort angeben. Textübernahmen (Zitate) setzt man in Anführungszeichen, dahinter schreibt man genau auf, woher dieser Text stammt (Autor, Titel, Erscheinungsort und -jahr, Seitenzahl).
Am **Schluss** kann man eine kurze Zusammenfassung des wichtigsten Inhalts geben, einen Blick in die Zukunft werfen und seine eigene Position zum Thema darstellen. Für den Umfang der einzelnen Teile kann eine Verteilung von etwa 1/6 Einleitung, 4/6 Hauptteil und 1/6 Schluss zur Orientierung genutzt werden.

Forschungs-Projekt „Rechtsextremismus“

Immer wieder lesen und hören wir von Menschen, ihren Aussagen, ihren Taten, die die nationalsozialistische Weltanschauung, die die Politik Hitlers als richtig ansehen. So gibt es Angriffe auf Juden, auf deren Synagogen, werden ausländische Mitbürger oder Politiker getötet, die sich zum Beispiel für die Aufnahme von Flüchtlingen einsetzen. Das Thema „Rechte Gewalt“ bzw. „Rechtsextremismus“ hat in Deutschland eine große Bedeutung. Daher muss dieses Thema auch bei der Beschäftigung mit dem Roman eine Rolle spielen.

Aufgabe

Beschäftigt euch nun in einem eigenen „Forschungs“-Projekt mit dem Thema „Rechtsextremismus“. Um das gesamte Thema zu kennzeichnen, könnten auch andere Begriffe – wie zum Beispiel „Neo-Nazismus“ oder „Rechtsradikalismus“ – verwendet werden.
Verschiedene weitere Begriffe kennzeichnen die gesamte Thematik:
Antisemitismus, Rassismus, Nationalismus, Ausländerfeindlichkeit, Fremdenhass …
Es ist wichtig und sinnvoll für eure Arbeit, erst einmal diese Begriffe zu klären: Was versteht man unter …? Wie äußert sich … in unserer Gesellschaft? Was sind das für Menschen, die …? Legt fest, was ihr alles untersuchen wollt – zum Beispiel:

- Soll die Situation in ganz Deutschland beleuchtet werden? Oder wollt ihr euch auf eine bestimmte Region oder „nur“ auf eure Heimatstadt beschränken? Wollt ihr euch vor allem mit dem Fremdenhass und der Ausländerfeindlichkeit beschäftigen oder interessiert euch besonders die Ablehnung der Juden (Antisemitismus)? Oder wollt ihr euch mit dem Rassismus besonders auseinandersetzen?
- Wie wollt ihr vorgehen? Zum Beispiel: Informiert ihr euch zunächst allgemein über die wichtigsten Aspekte des Themas (z. B. in Zeitungen, Zeitschriften, Büchern, im Internet …)?
- Oder ihr recherchiert in eurer Heimatstadt. Mit welchen Mitteln (Methoden) geht ihr dabei vor (z. B: mit Fragebogenaktionen, Interviews, Beobachtungen …)?
- Schließlich stellen sich Fragen danach, wie ihr eure Arbeitsergebnisse präsentieren wollt: schriftliche Dokumentation, eigene Zeitung, Ausstellung, Film …